Ciekawe dlaczego

Zamki błyskawiczne mają zęby

i inne pytania na temat wynalazków

Barbara Taylor

Tytuł oryginału: Zips Have Teeth
Published by arrangement with Kingfisher
Publications plc.
© for the Polish translation by Janusz Ochab
© for the Polish edition by Firma Księgarska Jacek i Krzysztof Olesiejuk
„Inwestycje" Sp. z o.o.

ISBN 83-7423-576-4

Autor: Barbara Taylor
Ilustracje okładki: Chris Forsey
Ilustracje: Susanna Addario 28-29; Peter Dennis (Linda
Rogers) 10-11, 18-19; Chris Forsey cover, 22tl, 26tl,
30-31; Terry Gabbey (AFA Ltd) 20-21; Ruby Green
14-15, 26-27; Nick Harris (Virgil Pomfret) 24-25; Biz
Hull (Artist Partners) 4-5, 16-17, 22-23; Tony Kenyon
(BL Kearley) all cartoons; Nicki Palin 6-7, 8-9, 12-13.

Książka przygotowana we współpracy z wydawnictwem
Book House **Book House**

Przygotowanie do druku: PM-studio
Druk: Legra Sp. z o.o.

Wydawca: Firma Księgarska Jacek i Krzysztof Olesiejuk
„Inwestycje" Sp. z o.o. FK
01-217 Warszawa
ul. Kolejowa 15/17

SPIS TREŚCI

Dlaczego ludzie wymyślają różne rzeczy?

● Niemal przez cały czas otoczony jesteś wynalazkami. Poduszki, żarówka czy nawet płatki kukurydziane to wynalazki, które ułatwiają nam życie i czynią je przyjemniejszym.

Wynalazcy próbują rozwiązywać problemy, które dręczą ludzi. Kiedy pewien wynalazca zauważył, jak niewygodne są duże parasole, skonstruował składaną parasolkę, którą można schować do torebki.

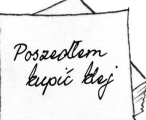

Poszedłem kupić klej

● Karteczki samoprzylepne wynaleziono przez przypadek, kiedy ktoś zrobił klej, który nie kleił jak należy. Można było przykleić nim kartkę do podłoża, potem ją oderwać i przykleić ponownie!

● Niektóre wynalazki służą tylko do zabawy. Pierwszymi frisbee były puste tacki na ciastka, należące do piekarza Josepha Frisbie. Kiedy kilku jego klientów zaczęło rzucać do siebie tackami w parku, zrodził się pomysł frisbee.

4

Czy wszystko jest wynajdywane?

Wcale nie! Wynalazek to coś
zupełnie nowego, coś, co nie istniało
nigdy wcześniej i zostało przez
kogoś wymyślone. Rzeczy takie
jak węgiel czy guma nie zostały
wynalezione. Były na świecie
już wcześniej, trzeba je
było tylko odkryć.

● Kiedy ludzie odkryli mleczny
sok drzewa kauczukowego,
zaczęli wykorzystywać go
do wytwarzania gumy.
Dopiero później ktoś wynalazł
gumowe opony do samochodów
i rowerów.

Skąd wynalazcy biorą pomysły?

Wynalazcy czerpią pomysły
z wielu różnych miejsc. Jedni badają
rośliny i zwierzęta, by dowiedzieć się,
jak one rozwiązują swoje problemy.
Drudzy szukają rozwiązań w innych
częściach świata czy w przeszłości.
Tylko bardzo nieliczne pomysły
biorą się z niczego.

● Nasiona łopianu pokryte są maleńkimi
haczykami, które przyczepiają się do różnych
rzeczy, ale można je potem od nich odczepić.
Naukowiec, który to zauważył, wykorzystał
swoje odkrycie do stworzenia rzepów
stosowanych teraz do różnego rodzaju
zapięć.

Który wynalazek był od razu na ustach wszystkich?

W 1915 r. amerykański naukowiec opatentował mały wynalazek, który odniósł wielki sukces. Była to miękka kolorowa kredka, wysuwana z niewielkiej rurki, którą można było użyć w każdej chwili i w każdym miejscu – pierwsza prawdziwa szminka.

● Starożytne Egipcjanki nie miały szminek, malowały jednak usta w inny sposób. Wykorzystywały do tego złotą glinę zmieszaną z gęstą żywicą.

Kto nosił zęby hipopotama?

Około 2500 lat temu ludzie zaczęli wytwarzać sztuczne szczęki z kości zwierząt. Najpopularniejsza była kość słoniowa oraz kość hipopotama, nie gardzono jednak również kośćmi wołu, kota czy nawet ludzkimi. Niestety, wszystkie te sztuczne zęby szybko brązowiały i zaczynały gnić. Musiały mieć naprawdę okropny smak!

• Nim wynaleziono szminkę, barwniki do ust przechowywano w małych pojemnikach. Większość z nich miała postać wosku lub maści wymieszanych z barwnikami owocowymi, takimi jak sok grejpfrutowy.

• Pewien francuski fryzjer wykorzystał kamerę wideo podłączoną do komputera, aby pokazywać swoim klientom, jak będą wyglądać w różnych fryzurach – z długimi włosami, z krótkimi czy też bez włosów!

Jak wynaleziono pierwsze plastry?

Earl Dickson wynalazł plastry dla swojej żony, która pracując w kuchni ciągle się kaleczyła. Przyklejał małe fragmenty materiału do kawałków taśmy klejącej, a potem starannie je zakrywał, by klej nie wysechł. Gdy tylko jego żona znów się skaleczyła, wyciągała kawałek takiej taśmy i zaklejała nią ranę.

• Nim pan King Camp Gillette wynalazł w 1895 r. bezpieczną maszynkę do golenia, mężczyźni golili się bardzo ostrymi brzytwami – i modlili się, by nie drgnęła im ręka!

Kto pierwszy spuścił wodę w ubikacji?

Czterysta lat temu sir John Harrington zbudował spłuczkę do toalety dla swojej matki chrzestnej, królowej Elżbiety I. W owych czasach tylko w bardzo niewielu domach była bieżąca woda i kanalizacja, więc zwykli ludzie musieli nadal używać nocników.

● W tym prysznicu z początku XIX wieku kąpiący się musiał sam pompować wodę – nic dziwnego, że ten wynalazek nigdy się nie przyjął!

● Około stu lat temu toaleta ze spłuczką była bardzo cenionym meblem. Często toalety takie zdobione były muszelkami oraz wizerunkami zwierząt, owoców czy kwiatów.

Kto pierwszy wziął kąpiel w wannie?

Starożytne ludy Grecji, Rzymu i Doliny Indusu w Pakistanie lubiły kąpiel i często jej zażywały. Z czasem jednak kąpiele stawały się coraz mniej popularne, a niektórzy ludzie wcale się nie myli. Używali perfum, by zamaskować bijący od nich smród!

● Około 500 r. Chińczycy wykorzystali świńską szczecinę do wyrobu pierwszych szczoteczek do zębów. Na szczęście dla świń, w latach trzydziestych XX wieku pojawiły się szczoteczki z plastikowym włosiem!

Jak konie pomagały czyścić dywany?

Pierwsza maszyna do czyszczenia dywanów ciągnięta była przez konie! Maszyna stała przed domem ze względu na spaliny wydobywające się z jej benzynowego silnika. Długie rury wciągane do mieszkania przez okna wysysały kurz z dywanu. Był to niezwykły widok i ludzie często zapraszali przyjaciół z okolicy, by i oni mogli sobie na to popatrzeć.

Kto wynalazł płaszcz przeciwdeszczowy?

Pierwsze nieprzemakalne płaszcze przeciwdeszczowe wykonane zostały w 1823 r. przez Charlesa Macintosha. Stworzył on nieprzemakalną tkaninę, wkładając warstwę gumy między dwie warstwy bawełny. Płaszcze chroniły ludzi przed deszczem, to prawda, ale były też bardzo ciężkie i okropnie śmierdziały, gdy nasiąkły wilgocią!

● Wiele współczesnych ubrań przeciwdeszczowych wykonanych jest z PCW – tworzywa sztucznego, występującego w wielu jaskrawych kolorach.

● W Szkocji pada tak często, że niektórzy farmerzy kupują płaszcze przeciwdeszczowe swym owcom!

Dlaczego zamki błyskawiczne mają zęby?

Bez zębów nie mogłyby się otwierać ani zamykać. Dwa rzędy zębów połączone są elementem, który je zamyka lub otwiera. Zamki błyskawiczne zostały wynalezione w latach dziewięćdziesiątych XIX wieku. Stanowiły ogromny postęp w porównaniu do nieporęcznych guzików czy haczyków i dziurek.

● Pierwsze dżinsy uszył Levi Strauss dla górników pracujących w kopalniach złota w USA. Uszył je z twardego niebieskiego materiału, który wykorzystywano do produkcji namiotów. Dzisiaj mówimy o nim „dżins".

Czy ubrania mogą utrzymywać cię w formie?

Niektóre ubrania dokonują niezwykłych rzeczy. Obecnie można nawet kupić rajstopy pełne zdrowych witamin, które zazwyczaj znajdują się tylko w świeżych owocach i warzywach!

● Kiedy Thomas Hancock wynalazł w 1820 r. gumkę do ubrań, myślał, że przyda się ona do zamykania kieszeni przed złodziejami. Dopiero ktoś inny wpadł na pomysł, że za jej pomocą można podtrzymywać bieliznę!

Czego używano dawniej zamiast lodówki?

Elektryczne lodówki wynaleziono około 1920 r. Wcześniej ludzie przechowywali jedzenie w drewnianych szafkach zwanych skrzynkami lodowymi. Dzięki ogromnym blokom lodu, w skrzynce zawsze panował chłód.

● Coca-cola początkowo nie była napojem gazowanym. W 1885 r., gdy wynalazł ją amerykański aptekarz, John Pemberton, miała postać słodkiego syropu. Dopiero później dodano do niej bąbelki.

Kto zjadł pierwsze płatki kukurydziane?

Dwaj bracia, Will i John Kellogg wynaleźli płatki przypadkiem, kiedy próbowali upiec nowy rodzaj chleba. Pewnego dnia rozgotowali garnek pszenicy, rozwałkowali uzyskaną w ten sposób masę na płaski placek i obserwowali, jak schnąc zamienia się w płatki. Potem wyprażyli płatki i spróbowali ich – były wyśmienite!

● Dostawca lodu kilka razy w tygodniu przywoził wielkie bloki lodu do skrzyni lodowej.

● Dawno temu ludzie tworzyli naturalne lodówki, przysypując zagłębienia w ziemi grubą warstwą lodu, śniegu i ziemi. Dzięki temu jedzenie w tych miejscach pozostawało świeże nawet podczas ciepłych letnich miesięcy.

● W 1853 r. wynaleziono nowy rodzaj jedzenia. Kiedy klient pewnej restauracji poprosił o bardzo cienkie frytki, szef kuchni stworzył pierwsze chipsy.

Jak wynaleziono słomki do picia?

Pewnego gorącego lata w połowie XIX wieku mężczyzna, zwany Marvin Stone zrobił pierwszą papierową słomkę do picia. Zauważył, że napoje dłużej pozostają chłodne, kiedy ludzie nie dotykają szklanek i piją przez puste w środku łodygi traw.

Skąd wzięły się pluszowe misie?

Historia ta związana jest z prezydentem Stanów Zjednoczonych Ameryki, Teodorem Rooseveltem. Pewnego razu, podczas polowania, prezydent wolał zrezygnować ze zdobyczy niż zabić małego niedźwiadka. Kiedy przeczytał o tym w gazecie pewien właściciel sklepu ze słodyczami, postanowił zamknąć swój sklep i zająć się wyrobem pluszowych misiów.

● Klocki Meccano i Lego wymyślono po to, by zachęcać dzieci do budowania różnych rzeczy, a nie niszczenia ich!
Możesz wykorzystać te klocki do tworzenia różnego rodzaju wynalazków!

● Karty do gry zostały wynalezione w Azji, ponad 1000 lat temu.

Która zabawka
ma 6000 lat?

Lalki są prawdopodobnie
najstarsze ze wszystkich zabawek.
Rzymskie dzieci bawiły się lalkami
szmacianymi. Lalki wykonywane były
z różnego rodzaju materiałów – drewna,
wosku, papieru, porcelany
i plastiku.

● Barbie weszła
do sprzedaży w 1959 r.
Była pierwszą w historii
lalką, która miała kształt
dorosłej
kobiety.

Kiedy pojawiły się
gry komputerowe?

Pierwsze gry komputerowe pojawiły się
w 1974 r. W porównaniu z dzisiejszymi
grami nie były zbyt ciekawe. Gracze nie
toczyli tu skomplikowanych kosmicznych
bitew, lecz co najwyżej odbijali kijem
piłkę!

Jak zrobić tost bez tostera?

Ludzie robili tosty na długo przed wynalezieniem tostera. Nabijali kawałek chleba na długi widelec i trzymali go nad ogniem. Niestety, chleb bardzo łatwo się przypalał i trzeba było nań bardzo uważać. Pierwszy toster z mechanizmem wyrzucającym tosty został wynaleziony w USA około 70 lat temu.

● Dzięki elektrycznym tosterom nie musimy bez ustanku obserwować tostów – i mamy pewność, że ich nie przypalimy!

● W 1937 r. wymyślono maszynę do parzenia herbaty. Maszyna podgrzewała wodę, robiła herbatę, a potem budziła cię dzwonkiem.

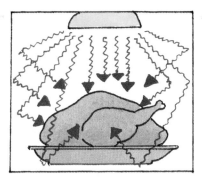

Kto wynalazł kuchenkę mikrofalową?

● Mikrofale to niewidzialne fale energii. Kiedy skierowane są na jedzenie, woda zawarta w jedzeniu zaczyna gwałtownie drżeć i robi się bardzo gorąca. Ciepło szybko przenika całe jedzenie i gotuje je.

Percy Spencer wynalazł kuchenkę mikrofalową tuż po zakończeniu drugiej wojny światowej. Pracował nad wykorzystaniem niewidzialnych fal do wykrywania wrogich samolotów. Kiedy fale stopiły tabliczkę czekolady w jego kieszeni, zrozumiał, że mogą być też przydatne do gotowania!

● Około 100 lat temu tylko bogaci ludzie mieli w domach elektryczność. Pierwsze elektryczne urządzenia były bardzo niebezpieczne, a służące często ryzykowały życiem posługując się nimi.

Dlaczego jedzenie nie przykleja się do niektórych patelni?

Jedzenie nie przykleja się do niektórych patelni, ponieważ pokryte są one substancją równie śliską jak lód, zwaną teflonem. Teflon to rodzaj plastiku wynaleziony pod koniec lat trzydziestych XX wieku. Minęło jednak wiele lat, nim ktoś wpadł na pomysł, by używać go do produkcji teflonowych patelni!

Kto wrzucił piłkę do kosza?

Pierwsi gracze w koszykówkę używali do gry dwóch starych koszy na brzoskwinie.

Koszykówka została wynaleziona około stu lat temu przez trenera Jamesa Naismitha, który szukał jakiejś interesującej, halowej gry na długie, zimowe wieczory.

Dlaczego buty sportowe są takie sprężyste?

Buty sportowe mają podeszwy wykonane z gumy i maleńkich bąbelków powietrza. Za każdym razem, gdy robisz krok, guma się zgniata, potem jednak szybko wraca do swego pierwotnego kształtu.

To zgniatanie i sprężynowanie pomaga ci odbijać się od podłoża i biec nieco szybciej.

• Pierwsi gracze w koszykówkę musieli wchodzić na drabinę, by wyjąć piłkę z kosza. Dziś nie musimy już zadawać sobie tyle trudu – teraz siatki w koszach nie mają dna.

• Wrotki były bardzo popularne pod koniec XIX wieku. W pewnym paryskim balecie tańczyły w nich nawet baletnice!

Jak ludzie jeździli na łyżwach w lecie?

Nim wynaleziono sztuczne lodowiska, ludzie mogli jeździć na łyżwach tylko w zimie. Potem ktoś wpadł na pomysł zrobienia łyżew, na których można byłoby jeździć także latem. Zamiast ostrza przymocował do podeszwy kółka i proszę bardzo – pojawiły się pierwsze wrotki!

• Pierwsze skutery wodne trafiły do sprzedaży w Japonii w 1979 r. Skutery wodne mogą być niebezpieczne dla zwykłych pływaków. Najnowsze modele osiągają prędkość ponad 100 km/h.

Jak wyglądały pierwsze samochody?

Używano w nich wielkich i nieporęcznych silników parowych – były to dymiące, hałaśliwe maszyny, które przerażały innych użytkowników drogi! Z czasem jednak stawały się coraz szybsze i łatwiejsze w obsłudze. Używano ich niemal przez 30 lat, aż zostały zastąpione przez szybsze samochody z silnikami spalinowymi.

● W latach 30. ubiegłego wieku samoloty zabierały co najwyżej 20 pasażerów. W latach 70. jumbo jety mogły pomieścić już prawie 500 osób! Wkrótce nowe super jumbo jety będą zabierać na pokład aż 850 ludzi!

Jak jechać na powietrzu?

Ludzie jadą na powietrzu za każdym razem, gdy używają poduszkowca. Poduszkowiec został wynaleziony przez Christophera Cockerella w 1959 r. Cockerell odkrył, że uwięziona pod łodzią poduszka powietrza podnosi ją nad fale i pozwala znacznie szybciej podróżować.

● Welocyped został wynaleziony w latach sześćdziesiątych XIX wieku. Miał dwa koła – jedno bardzo duże i jedno bardzo małe.

● Wszyscy wiedzą, że ludzie powinni zapinać pasy bezpieczeństwa, ale czy wiecie, że mogą ich używać także koty i psy? Proszę więc zapiąć pasy, Mruczku i Reksiu!

● Zgodnie z prawem pierwsze samochody nie mogły jeździć szybciej niż z prędkością 3 km/h, a przed samochodem musiał iść człowiek z czerwoną flagą, który ostrzegał innych użytkowników drogi!

Które rowery mają żagle?

Najszybsze rowery mają pełne koła i płaskie ramy, które działają tak samo jak żagle. Kiedy rower jedzie, jego koła i rama chwytają wiatr, który popycha go do przodu – zupełnie jak łódź na wodzie. Większość mocy nadal jednak pochodzi z obracających się pedałów!

Jak możesz zmieścić w kieszeni tysiąc książek?

Około tysiąca książek mieści się na CD-ROM-ie – małej płycie kompaktowej, która jest cienka jak paznokieć i może zmieścić się w twojej kieszeni. Na CD-ROM-ie można przechowywać słowa, obrazy i dźwięki, ale można je odtworzyć tylko w komputerze, nie da się więc czytać ich w autobusie – na razie!

● Egipcjanie, jako jedni z pierwszych, używali do pisania atramentu. Wytwarzano go mieszając sadzę z żywicą.

● Podobnie jak dinozaury, stały się wymarłym gatunkiem, tak i maszyny do pisania wkrótce przejdą do historii. Wynalezione w 1873 r. przez wiele lat były niezastąpionym narzędziem pracy dla pisarzy czy dziennikarzy, teraz jednak wypierane są przez komputery i edytory tekstu.

● Mazaki po raz pierwszy pojawiły się w sprzedaży w Japonii w 1962 r. Ich wynalazca miał nadzieję, że miękki czubek mazaka uczyni pismo wielu ludzi ładniejszym – podobnie jak pędzel w japońskiej kaligrafii.

Który komputer był tak duży jak autobus?

Pierwszy komputer był cztery razy dłuższy od autobusu i nazywał się Kolos. Został zbudowany w Wielkiej Brytanii i uruchomiony w 1943 r. W tym czasie niewielu ludzi wiedziało o jego istnieniu, początkowo używano go bowiem do łamania sekretnych szyfrów wroga.

● Dzisiejsze kieszonkowe kalkulatory wykonują obliczenia szybciej, niż ty jesteś w stanie ruszyć palcem. Mają taką samą moc obliczeniową jak ogromne komputery z lat sześćdziesiątych XX wieku.

Kim był pan Biro?

Ladislao Biro wynalazł w 1938 r. długopis. Długopis składał się z cienkiej rurki wypełnionej gęstym, szybko schnącym atramentem, który wylewał się równomiernie na papier dzięki maleńkiej kulce umieszczonej na czubku.

Jak kasa sklepowa położyła kres kłótniom?

W barze Jamesa Ritty'ego w amerykańskim stanie Ohio klienci zawsze kłócili się z obsługą o to, ile powinni zapłacić za swoje drinki. Dlatego też w 1879 r. Ritty wynalazł kasę sklepową, która pokazywała ceny, informowała sprzedawcę o tym, ile jest w niej pieniędzy i znacznie ułatwiła życie Ritty'emu i jego pracownikom.

● Od 1980 r. towary sprzedawane w sklepach zaopatrzone są w kod kreskowy. Tylko laserowy czytnik może odczytać kod, który zawiera wszystkie potrzebne informacje o produkcie.

Kto używał herbaty jako pieniędzy?

Ludzie w Tybecie i Chinach używali kiedyś prasowanych bloków herbaty jako pieniędzy. Nim wynaleziono monety, ludzie wymieniali za potrzebne im towary rzeczy takie jak muszelki, paciorki czy ziarno.

● Chińczycy po raz pierwszy użyli papierowych banknotów około 1200 lat temu. Niektóre banknoty drukowane były na korze morwy.

● Wynalazki nie muszą być niezwykłe. Kiedy Margaret Knight wymyśliła papierową torbę o płaskim dnie, została bogatą kobietą. Nowe torby mogły pomieścić dwa razy więcej zakupów!

Jak wózek sklepowy może uczynić cię bogatym?

Człowiek, który wynalazł pierwszy wózek sklepowy został milionerem. Wózek Sylvana Goldmana wyglądał jak krzesło na kółkach, z dwoma koszami przymocowanymi do siedziska, przyniósł mu jednak fortunę.

Co było pierwsze – śruby czy śrubokręty?

Spiralne gwoździe używane były już w XVI wieku w zegarach, zbrojach i różnych rodzajach broni. Jednak, co ciekawe, raz zakręconej śruby nie można było odkręcić przez następne 300 lat, aż do wynalezienia pierwszego śrubokrętu.

• Dzisiejsi stolarze używają wielu tych samych narzędzi, których używali przed wiekami ich poprzednicy.

● Dopiero od lat sześćdziesiątych XVIII wieku śruby wytwarzane były przez maszyny. Wcześniej spirala biegnąca wokół śruby piłowana była ręcznie. Musiała to być naprawdę żmudna praca!

Kto trzymał wszystko pod kluczem?

To starożytni Egipcjanie wynaleźli zamki do drzwi. Drewniane bolce pasowały dokładnie do siebie i utrzymywane były w miejscu przez odpowiednio ułożone kołki, które można było zwolnić tylko za pomocą klucza o odpowiednim kształcie.

● Dzięki wynalazkowi zwanemu gro-bag możesz hodować rośliny wszędzie – nawet jeśli nie masz ogrodu. Te wielkie worki z ziemią pojawiły się po raz pierwszy w 1973 r.

Czy konie mogły kosić trawę?

Pierwsze kosiarki do trawy ciągnięte były przez konie, które musiały nosić na nogach wielkie gumiaki, aby nie zostawiać na świeżo przyciętym trawniku śladów kopyt!

● Silniki z kosiarek do trawy wykorzystane zostały w pierwszych gokartach. Dzisiejsi zdobywcy Grand Prix zaczynali zapewne od jazdy na kosiarkach!

Kto potrzebował kilku godzin, by zrobić zdjęcie?

● W XIX wieku zdjęcie robiło się tak długo, że portretowane osoby musiały korzystać ze specjalnych podpórek, by usiedzieć w bezruchu!

Pierwsze zdjęcie wykonał w 1826 r. pewien Francuz, niejaki Joseph Niepce. Musiał czekać 8 godzin, by obraz zapisał się na cienkiej metalowej tabliczce pokrytej pewnym rodzajem smoły.

Zdjęcie przedstawiało widok z jego okna.

● Niepce pewnie nie mógłby w to uwierzyć, ale współczesne polaroidy mogą wykonać zdjęcie w ciągu kilku sekund!

Kiedy mogłeś oglądać różową telewizję?

Pierwszy telewizor miał bardzo dziwny obraz – różowy i bardzo niewyraźny! Jednak wynalazca telewizora, John Logie, wykorzystał do jego budowy bardzo dziwne przedmioty, między innymi lampę rowerową i szydełko!

● Najmniejsze radio na świecie jest mniejsze od ziarna grochu!

Kto wynalazł osobiste odtwarzacze stereo?

Walkman to osobisty odtwarzacz kasetowy ze słuchawkami, który jest tak mały i lekki, że można go nosić w kieszeni czy torebce. Został wynaleziony w 1979 r. przez japońską firmę elektroniczną SONY.

● Pierwsza sieć telefoniczna zaczęła działać w 1878 r., w małym amerykańskim miasteczku. Tylko 20 osób miało telefony, mogły więc dzwonić tylko do siebie nawzajem!

Jak możesz walczyć z głodnym dinozaurem?

Kiedy założysz na głowę hełm wirtualnej rzeczywistości, wejdziesz w wymyślony świat. Możesz wtedy walczyć z groźnymi dinozaurami albo odwiedzać obce planety. Wszystko we wnętrzu hełmu wygląda i brzmi realnie, ale naprawdę tworzone jest przez komputer.

● Kiedy naciskasz guziki w specjalnej elektronicznej rękawicy, komputer zmienia obrazy i dźwięki, które docierają do twych oczu i uszu.

● Każdy może być wynalazcą! A co ty chciałbyś wynaleźć?

● Naukowcy eksperymentują z owocami i warzywami, by stworzyć nowe rodzaje smacznych i pożytecznych roślin. Któregoś dnia wymyślą może kwadratowe pomidory, które będzie można łatwo układać na półce.

Czy na Marsie są owady?

Nie, ale wkrótce będą! Naukowcy budują małe roboty, które wykorzystane zostaną do badań Marsa i innych planet. Roboty mają sześć nóg, wyglądają jak olbrzymie owady i zachowują się podobnie do nich, bo zaprogramowano je tak, by szukały jedzenia.

Jedzenie to nie będzie jednak przeznaczone dla nich, lecz dla nas – jeśli kiedykolwiek zamieszkamy na Marsie!

● Samochody przyszłości zostaną zapewne wyposażone w komputer, który będzie planował trasę podróży. Być może będzie też ostrzegał przed trudnościami na drodze i proponował dogodne skróty.

Indeks